시문학파기념관에서 자작나무를 만나다

2023

시문학파기념관에서
자작나무를 만나다

김재석

사이재

시인의 말

1

영랑생가와
다시 태어난 현구생가와
시문학파기념관이
꿈길에 나를 찾는다,
이따금

나에게
세상을 해석하는 데
그치지 말고
세상을 변혁하는 데
기여하라고
당부하고 돌아간다

2

시문학파기념관이란 한 장소를
한 권의 시집으로 낳다 보니
문학성을 잃었다

문학과 스토리텔링을 접목한
시집이라는 걸
감안하여 주기 바란다

2023년 입춘
일속산방一粟山房에서
작시치作詩痴 김재석

차례

시문학파기념관에서 자작나무를 만나다

1부

시문학파기념관이 나에게 눈길을 주다 13
시문학파기념관 초입에서 시문학파 구인 중 삼인이 담소를 나누고 있다 14
시문학파기념관 맞이방은 갤러리다 16
시문학파기념관이 시문학파에 대하여 간단명료하게 소개하다 18
시문학파기념관이 시문학파의 태동에 대하여 이야기하다 20
시문학파기념관이 '시문학파의 시세계'를 시문학 창간호 편집후기로 대신하다 22
시문학파기념관이 '시문학파의 문학사적 의의'에 대하여 이야기하다 26
시문학파기념관이 '시문학의 창간'에 대하여 적나라하게 보여준다 28
시문학파기념관이 저명인사들로 하여금 시문학파에 대하여 이야기하게 하다 33
시문학파기념관은 한국현대시사에 대하여 빠삭하다 36
시문학파 이외의 시인을 소개하는 시문학파기념관은 너그럽다 38
한용운 41

김소월 43
이육사 44
김기림 46
백석 48
김광균 50
이용악 52
서정주 54
윤동주 56
시문학파기념관이 '신문으로 보는 시문학파'란 제목으로 시문학파에 대한 기사를 수집해 놓았다 58
시문학파기념관이 '시문학 창간호 편집후기'와 '시문학지'에 대하여 소개하다 61

2부

시문학파기념관이 '시인의 전당'으로 시문학파 구인에 대하여 이야기하고 있다 69
영랑 김윤식 71
용아 박용철 73
정지용 75
위당 정인보 77
연포 이하윤 79
수주 변영로 80
김현구 83
신석정 85
허보 87

3부

시문학파기념관은 '시문학파' 전후의 대표적 문학 유파에 대하여 빠삭하다 91
창조파 93
폐허파 95
백조파 97
신경향파 100
국민문학파 102
해외문학파 104
모더니즘 106
생명파 108
청록파 110

4부

시문학파기념관이 시문학파 구인의 대표작으로 나의 발길을 붙들다 115
시화 「모란이 피기까지는」 앞에서 117
시화 「떠나가는 배」 앞에서 119
시화 「향수」 앞에서 121
시화 「논개」 앞에서 124
시화 「님이여 강물이 퍼렇습니다」 앞에서 127
시화 「그 먼 나라를 알으십니까」 앞에서 129
시화 「자모사」 앞에서 131
시화 「물레방아」 앞에서 133

시화 「검은 밤」 앞에서 134

5부

시문학파기념관에서 자작나무를 만나다 139
시문학파기념관이 명곡을 메들리로 들려주다 142
시문학파기념관이 수주의 『朝鮮의 마음』을 나에게 보여주다 143
시문학파기념관이 입맛을 다시다 145
시문학파기념관이 영랑생가의 은행나무에 뽕가다 147
시문학파기념관이 나를 바라보는 시선이 곱지 않다 149
시문학파기념관은 귀가 밝다 151
시문학파기념관이 안절부절못하다 153
《시문학》 창간호 표지와 '시문학파 동인 창립 기념사진'이 발길을 붙들다 155

1부

시문학파기념관이 나에게 눈길을 주다

시문학파기념관이 나에게 눈길을 준다

시문학파기념관이
나에게만 눈길을 주는 게 아니라
경향각지
먼 걸음을 한 길들에게 눈길을 줄 것이다

나에게 눈길을 주는
시문학파기념관을 만나지 않고 베길 수가 없다

저 눈길이 나에게만 저리 간절한지
경향각지 모든 길들에게 저리 간절한지
알 수가 없다

영랑생가보다 먼저
시문학파기념관을 만나야겠다

나에게 눈길을 주는
시문학파기념관을
모른 척하고 지나갈 수가 없다

시문학파기념관 초입에서 시문학파 구인 중 삼인이 담소를 나누고 있다

시문학파기념관 초입에서
시문학파 구인 중 삼인이 담소를 나누고 있다

벤치에 앉아 있는 양복 둘은
영랑과 용아이고
서 있는 두루마기는
정지용이다

경향각지
먼 걸음을 한 길들이 지켜봐도
시선을 돌리지 않고
셋이서 담소를 나누고 있다

보나 마나
물어보나 마나
시문학파의 앞날에 대하여
이야기를 주고받을 것이다

표정으로 봐서
시문학파의
앞날이 캄캄한 게 아니라

앞날이 훤한 것 같다

시문학파기념관 초입에서
시문학파 구인 중 삼인이 한담을 나누고 있다

시문학파기념관 맞이방은 갤러리다

'시의 향기를 머금은 곳
시문학파기념관에 오신 것을 환영합니다'는
시문학파기념관 맞이방은 갤러리다

누가 낳은 그림들인지
한 사람이 낳은 것인지
여러 사람이 낳은 것인지 알 수가 없다

화동이 국빈을 맞이하듯이
그림이
경향각지 먼 걸음을 한 길들을 맞이한다

그림이
맞이하기만 하는 게 아니라 배웅까지 하는데
오래 붙들지 않고 바로 보낸다

바로 보내는 건
자존심이 없어서가 아니라
자기 분수를 알기 때문이다

'시의 향기를 머금은 곳

시문학파기념관에 오신 것을 환영합니다'는
시문학파기념관 맞이방은 갤러리다

시문학파기념관이 시문학파에 대하여 간단명료하게 소개하다

시문학파기념관이
시문학파에 대하여 간단명료하게 소개하고 있다

시문학파기념관은
먼 걸음을 한 길들의 심리를
너무도 잘 안다

- 1930년대 창간된 시전문지 『시문학』
1930년대 창간된 시전문지 『시문학』을 중심으로 순수시 운동을 주도했던 시인들을 시문학파라고 한다.

시문학파의 핵심인물은 용아 박용철과 영랑 김윤식이며, 여기에 정지용, 위당 정인보, 연포 이하윤의 참여로 창간호가 발간되었고, 뒤이어 수주 변영로·김현구가 제2호에, 신석정·허 보가 제3호에 동참하였다. 『시문학』은 1930년 3월 5일 창간하여 그해 5월 20일 제2호, 1931년 10월 10일 제3호를 끝으로 종간되었다.

하지만, 당시에 풍미했던 카프문학과 감각적 모더니즘에 휩쓸리지 않은 채 이 땅에 순수문학의 뿌리를 내리게 한 모태가 되었다.*-

너저분하고
지루하면
먼 걸음을 한 길들이 바로 등 돌린다는 걸
간파한 지 오래됐다

시문학파기념관이
시문학파에 대하여 간단명료하게 소개하고 있다

* 강진시문학파기념관 홈페이지의 '시문학파 소개'에 나와 있는 '1930년대 창간된 시전문지『시문학』'을 인용하였다.

시문학파기념관이 시문학파의 태동에 대하여 이야기하다

시문학파기념관이 시문학파의 태동에 대하여 이야기를 한다

시문학파의 태동에 대하여 이야기를 하는
시문학파기념관의 태도가 사뭇 진지하다

- 시문학파가 형성된 1930년은 일제의 문화통치(1920년대)에서 무단통치로의 전환기이다. 따라서 국내의 문단 상황은 일제에 대한 저항이라는 목적의식은 같았지만, 사회주의식 문학운동과 순수민족문학운동간 심각한 대립 양상을 보였다.

이것이 곧 1925년을 기점으로 1935년까지 10년 간 지속된 프로문학파와 민족문학파간의 대립이다.

이러한 1920년대의 문단현실에 1927년부터 '해외문학파'가 순수문학론을 들고 나옴으로써 문학논쟁은 한층 가열되는 계기를 맞았다. '해외문학파'에서 발아된 순수문학 운동은 '시문학파'에 이르러 구체화 되었고, 이후 '구인회'와 모더니스트, 그리고 『시원』과 『시인부락』으로 이어지면서 1930년대 한국 현대시의 맥을 형성하였다.-

시문학파의 태동에 대하여 이야기를 하는
시문학파기념관의 태도가 사뭇 진지할 수밖에 없는 건
시문학파가 태어나지 않았다면
자신도 태어나지 않았기 때문이다

시문학파 동인 창립 기념사진까지
보여주는데
1929년 앞줄 왼쪽부터 김영랑, 정인보, 변영로,
다음 줄 왼쪽부터 이하윤, 박용철, 정지용이라고
사진에 대한 설명까지 곁들인다

경향각지 먼 걸음을 한 길들이
지루하지 않도록
시문학파기념관이 시문학파의 태동에 대한 이야기를
간단히 끝낸다

* 강진시문학파기념관 홈페이지의 '시문학파 소개'에 나와 있는 '시문학파의 태동'에 대한 자료를 인용하였다.

시문학파기념관이 '시문학파의 시세계'를 시문학 창간호 편집후기로 대신하다

시문학파기념관이
'시문학파의 시세계'를 시문학 창간호 편집후기로 대신한다

《시문학》 창간호 편집후기가 비장하다

정확히 87년도 더 지난 이 시간에
누군가가 읽어볼 것 예상하고 쓴 게 아님에도
범상치 않다

- 우리는 詩(시)를 살로 색이고 피로 쓰듯 쓰고야 만다. 우리의 詩(시)는 우리 살과 피의 매침이다. 그럼으로 우리의 詩(시)는 지나는 거름에 슬적 읽어치워지기를 바라지 못하고 우리의 詩(시)는 열 번 스무 번 되씹어 읽고 외여지기를 바랄 뿐, 가슴에 늣김이 잇을 때 절로 읇허 나오고 읇흐면 늣김이 이러나야만한다. 한 말로 우리의 詩(시)는 외여지기를 求(구)한다. 이것이 오즉 하나 우리의 傲慢(오만)한 宣言(선언)이다.

사람은 生活(생활)이 다르면 감정이 갓지 안코 敎養(교양)이 갓지 안으면, 感受(감수)의 限界 (한계)가 따라 다르다.

우리의 詩(시)를 알고 늣겨줄 만흔 사람이 우리 가운대 잇슴을 미더 주저하지 안는 우리는 우리의 조선말로 쓰인 詩(시)가 조선사람 전부를 讀者(독자)로 삼지 못한다고 어리석게 불평을 말하려 하지도 안는다. 이것이 우리의 自限界(자한계)를 아는 謙遜(겸손)이다.

한 민족이 言語(언어)가 발달의 어느 정도에 이르면 口語(구어)로서의 존재에 만족하지 안이하고 文學(문학)의 형태를 요구한다. 그리고 그 文學(문학)의 成立(성립)은 그 민족의 言語(언어)를 完成(완성)식히는 길이다. 우리는 조금도 바시대지 안이하고 늘진한 거름을 뚜벅거러 나가려 한다. 虛勢(허세)를 펴서 우리의 存在(존재)를 인정바드려하지 안니하고 儼然(엄연)한 存在(존재)로써 우리의 存在(존재)를 戰取(전취)하려 한다. 임의 一家(일가)의 品格(품격)을 이루어 가지고도 또 이루엇슴으로 作品(작품)의 發表(발표)를 꺼리는 詩人(시인)이 어덴지 여러분이 잇슬듯십다. 우리의 同人(동인) 가운대도 자기의 詩(시)를 처음 印刷(인쇄)에 부치는 二三人(2~3인)이 잇다. 우리는 모든 謙虛(겸허)를 準備(준비)하야 새로운 同人(동인)들을 마지하려한다.

第 1號(제1호)는 編輯(편집)에 急(급)한 탓으로 硏究紹介(연구소개)가 업시되엿다. 압흐로는 詩論(시론), 時調(시조), 外國詩人 (외국시인)의 紹介(소개) 等(등)에도 있는 잇는 힘을 다하려 한다. 더욱이 여러 가지 어긋짐으로 樹州(수주)의 詩(시)를 못시름은 遺憾(유감)이나 次號(차호)를 기약한다.

本誌(본지)는 一, 三, 五, 七, 九, 十一月의 隔月刊行(격월간행)으로 할 作定(작정)이다. 여러 가지 形便(형편)도 잇거니와 詩(시)의 雜誌(잡지)로는 당연한 일일듯십다. 이번 號(호)는 엇저는수업시 三月(3월)에 나가게 되엿스나 第二號(제2호)는 四月初(4월초)에 (原稿締切 三月二十五日 〈 원고체절 3월25일 〉) 第三號는 五月初에(原稿締切 四月三十日 〈 원고체절 4월30일 〉) 내여서 마춰나갈 예정이다⋯ ⋯

編輯(편집)에 주문이 잇스시는이는 거침업시⋯ ⋯(龍兒)

시문학파기념관은 왜 '시문학파의 시세계'를
시문학 창간호 편집후기로 대신하는지 의문이다

《시문학》 창간호 편집후기에
시문학의 정신이 다 깃들어서인가

시문학파기념관이
'시문학파의 시세계'를 시문학 창간호 편집후기로 대신한다

* 강진시문학파기념관 홈페이지의 '시문학파의 소개'에 나와 있는 '시문학파의 시세계'에 대한 자료를 인용하였다.

시문학파기념관이 '시문학파의 문학사적 의의'에 대하여 이야기하다

시문학파기념관이
'시문학파의 문학사적 의의'에 대하여 이야기한다

이걸 빠뜨리고 넘어갈 시문학파기념관이 아니다

- 『시문학』지는 1930년 3월 5일 창간하여 그해 5월 20일 제2호, 1931년 10월 10일 제3호를 끝으로 종간되었지만, 당대를 풍미했던 카프계열의 프로문학과 감상적 낭만주의 사조에서 벗어나 이 땅에 본격적인 순수문학의 뿌리를 내리게 한 모태가 되었다.

시문학파의 문학사적 의의는 첫째 1920년대의 이데올로기 문학의 근본적 결함을 극복하고 시의 자율성을 확보한 점, 둘째 시적 기교와 전통적인 가락을 통해 순수시의 새 경지를 개척한 점, 셋째 1920년대와 1930년대 시문학의 분획점으로서 현대시의 분수령을 이룬 점 등을 꼽을 수 있다.*

먼 걸음을 한 길들의 심리를
시문학파기념관은 너무도 잘 안다

먼 걸음을 한 길들이
지루하면
바로 등 돌린다는 걸

시문학파기념관이
'시문학파의 문학사적 의의'에 대하여 간단히 짚고 넘어간다

* 강진시문학파기념관 홈페이지의 '시문학파의 소개'에 나와 있는 '시문학파의 문학사적 의의'에 대한 자료를 인용하였다.

시문학파기념관이 '시문학의 창간'에 대하여 적나라하게 보여준다

시문학파기념관이
'시문학의 창간'에 대하여 적나라하게 보여준다

'시문학파의 태동'
'시문학파의 문학사적 의의'는 간단히 짚고 넘어갔지만
'시문학의 창간'에 대하여는
영랑과 용아의 만남에서터
시문학의 첫 선에 이르기까지 더 구체적이다

구체적이어
경향각지의 길들이 지루해 할 줄 알았더니
경향각지 길들이 지루해 하지 않고
오히려 눈빛이 초롱초롱 빛난다

- 영랑과 용아의 만남
영랑 김윤식과 용아 박용철 유학시절 흑백사진

[동경 유학시절 영랑 김윤식과 용아 박용철]

"일본 유학시절 아오야마(青山) 학원에서 동문수학한 영랑 김윤식과 용아 박용철은 평생을 두고 시심(詩心)을 나누는 문우(文友)가 되었습니다."

"내가 시문학을 하게 된 것은 영랑 때문이여."
- 용아 박용철의 말

"수리의 천재로 교사의 칭찬이 자자하던 때 나는 작은 악마와도 같이 그를 꼬여내어서는 들판으로 산길로 끝없이 헤매게 만들었다."
- 영랑 김윤식의 말

- 『시문학』 창간 계획
"두 문우의 시에 대한 열정은 자연스럽게 시 동인지 발간의 움직임으로 이어졌습니다."

2월 10일이었다. 詩(시) 잡지의 출판 등의 결정적 의론을 하고 3월 하순의 상경을 約(약)하였다.
- 1929. 3. 10. 용아 박용철의 일기

잡지의 일은 수월스럽게 되는 듯도 하였으나 [詩文學(시문학)]이란 명명을 하였을 뿐 27일을 제1차 기일로 정해 보았으나 실행할 아무 재조도 없었다.

- 〈1929. 12. 23. 용아 박용철의 일기〉 영랑 김윤식의 말

- 문우들의 동참
"동인지의 발간을 위해 뜻을 함께 하는 문우들이 합류하고, 『시문학』지의 창간은 급물살을 타기 시작했습니다."

梁柱東(양주동)군이 [文藝公論(문예공론)]을 평양서 발간한다고 말하면 일에 방해가 될 듯싶네. 하여간 芝溶(지용), 樹洲(수주) 중 得其一(득기일)이면 시작하지. 劉玄德(유현덕)이가 伏龍(복룡), 鳳雛(봉추) 중 得其一이면 天下可定 (천하가정)이라더니 나는 지용이가 더 좋으이. 잡지 [愛誦(애송)] 그대로 따다 해도 좋겠는데 단방에 '近代風景 (근대풍경)'의 무수식도 앗사리하지마는 誌名(지명), 丹弓(단궁), 丹鳥(단조), 玄燈(현등), 詩嶺(시령), 우리말 단어가 좋은 게 있으면 좋겠는데….
- 1929. 3. 26. 용아 박용철이 김영랑에게 보낸 편지

-『시문학』의 첫 선
시문학과 동인 창립 기념 단체 흑백사진

[시문학 동인 창립 기념사진, 1929년]

앞줄 왼쪽부터 김영랑, 정인보, 변영로, 뒷줄 왼쪽부터 이하윤, 박용철, 정지용

"1930년 봄, 순수시 동인지 『시문학』이 세상에 드디어 첫 선을 보였습니다."

프로 詩(시)니 無産文學(무산문학)이니 세상을 시끄럽고 하던 그때 말하자면 조선시의 정통을 찾고 발전을 바라야 신흥 조선문학이 세계적 수준에까지라는 理想(이상)이 純粹詩誌(순수시지)를 계획케 하였던 것이니 昭和(소화) 4년 秋(추)에 상경하여 芝溶(지용)과 합작하고 창간호 나올 임시에 조선적 大事件(대사건)이 폭발하여 중지하고 翌春(익춘)에 창간호는 나왔다.
- 김영랑, 『박용철 전집』(1939) 후기

경향각지 길들의 눈길이
지루한 줄 모르고
오랫동안 머무른 건
그만큼 흥미진진하다는 것이다

시문학파기념관이

'시문학의 창간'에 대하여 적나라하게 보여준다,
그야말로

* 강진시문학파기념관 홈페이지의 '시문학파 소개'에 나와 있는 '시문학의 창간'에 대한 자료를 인용하였다.

시문학파기념관이 저명인사들로 하여금 시문학파에 대하여 이야기하게 하다

시문학파기념관이
저명인사들로 하여금 시문학파에 대하여 이야기하게 한다

자신의 입으로
시문학파에 대하여 이야기하는 건
자화자찬이기에
달리 표현하면 아전인수이기에

시문학파기념관이 저명인사들로 하여금
시문학파에 대하여 이야기하게 하는데
그냥 저명인사가 아니라
저명인사 중의 저명인사다

- 조지훈,『현대시의 계보』에서
"시문학파가 시어의 조탁, 각도의 참신, 형식의 세련 등 종래의 시를 일변(一變) 시켰다는 것은 중론이 일치하는 바, 그들은 한국 현대시의 분수령을 이루었다."

- 조연현,『한국현대시문학사』에서
"순수문학의 최초의 모태가 된 것이 시문학파였고, 이것을 발전 확대시킨 것이 구인회와『시인부락』이었다."

- 김용직, 『한국현대시문학사』에서
"시문학파는 워낙 훌륭한 한국시사상의 역군들이었다. 이들의 출현으로 한국 근대시는 비로소 거대한 순수서정시의 산맥을 갖는다. 그 골짜기와 들판에는 양이 풍부하고 빛깔도 푸른 감성의 물줄기가 넘쳐흘렀다."

- 김윤식, 『모더니즘 시운동 양상』에서
"시문학파에 이르러 비시적 태도는 불순한 것으로 단정되어 시적인 것, 시 본연의 자세가 추구되기 시작했다."

- 오세영, 『시문학지와 순수시파』에서
"순수시의 범주를 크게 두 가지의 관점에서 살필 수 있다. 넓은 의미의 순수시와 좁은 의미의 순수시가 그것이다. 전자는 20년대적 성격에 대응하여 30년대 시가 갖는 일반적 성격을 가리키며, 후자는 30년대 시 가운데서도 시문학파로 대변되는 시 유파를 지칭한다."

- 조창환, 『한국현대시의 분석과 전망』에서
"문학의 본령을 회복하여 시의 예술적 수준을 비약적으로 높였다는 점은 시문학파의 공적이었다."

시문학파기념관이
저명인사들로 하여금 시문학파에 대하여 주례사 비평을 시
킨 게 아니라
시문학파기념관이 태어나기도 전에
시문학파에 대하여 한 이야기다

순수문학,
순수문학이란 말이
지금 이 시대에 거슬리는 말이긴 하지만
시문학파가 아우슈비츠 이전에 태어났다는 걸
분명히 하고 싶다

시문학파기념관이
저명인사들로 하여금 시문학파에 대하여 이야기하게 한다

* 강진시문학파기념관 홈페이지의 '시문학파 소개'에 나와 있는 '시문
학파를 말한다'에 대한 자료를 인용하였다.

시문학파기념관은 한국현대시사에 대하여 빠삭하다

시문학파기념관은 한국현대시사에 대하여 빠삭하다

1908년 최남선의 『해에서의 소년에게』로부터
1935년 정지용의 『정지용시집』, 김영랑의 『김영랑시집』을 거쳐
1960년 서정주의 『신라초』, 이은상의 『노산시문선』에 이르기까지
한국현대시사에 대하여 빠삭하다

시문학파기념관은 한국현대시사에 대하여 빠삭할 뿐만 아니라
자신을 찾은
경향각지 먼 걸음을 한 길들에게
한국현대시사를 연대별로 한눈에 보여주고 있다

봐라, 봐
시문학파기념관이 연대별로 보여주는
한국현대시사를

1919년에 《창조》가 얼굴 내밀고
1920년에 《폐허》와 《개벽》이 얼굴 내밀고

〈조선문학가동맹〉이 1945년에 결성되고
〈한국문학가협회〉가 1949년에 결성되었네

윤동주의 시집 『하늘과 바람과 별과 시』은
해방 후
삼년 뒤 세상에 얼굴 내밀었네

걸출한 한국의 시인들의 시집이
언제 세상에 얼굴 내밀었는가를
한눈에 보여주는
시문학파기념관은 친절 자체다

시문학파기념관은 한국현대시사에 대하여 정통하다

시문학파 이외의 시인을 소개하는 시문학파기념관은 너그럽다

시문학파 이외의 시인을 소개하는
시문학파기념관은
너그럽다

시문학파 구인 중 누구 한 사람만 허용하지 않아도
있을 수 없는 일이니
시문학파 구인 모두가 다 너그럽다는 것이다

님의 침묵
한용운

진달래꽃
김소월

광야
이육사

기상도
김기림

사슴

백석

와사등
김광균

오랑캐꽃
이용악

화사집
서정주

하늘과 바람과 별과 시
윤동주

시문학파기념관이 소개할 정도로
한국시문학사에서
일가를 이룬 시인들이다

달리 말하면
이 시인들을 빼놓고
한국시문학사를 생각할 수가 없다

이 시인들을 빼면
한국시문학의 곳간이 빈약할 것이다

시문학파 이외의 시인을 소개하는
시문학파기념관은
마음씨가 곱다

한용운

만해,
만해

만해를
까까머리 고등학교 시절
국어 교과서에서
「님의 침묵」과 「알 수 없어요」로 만났다

「님의 침묵」과
「알 수 없어요」가 내 마음을
휘저어 놓은 지
수십 년 만에
만해가 발원지인,
다시 태어난 유심唯心과 내가 인연을 맺었다

2008년 봄
《유심唯心》 신인상 시조 부분이
내가 낳은
「돋보기로 만난 사자」를 챙겼다

만해가 창간해

3호로 끝난 유심이
백담사 조오현 스님에 의해
다시 태어났는데
안타깝게
2015년 12월 다시 폐간돼
나의 가슴이 쓰렸다

조정래가 낳은
만해 한용운 평전으로 만해를 만난 적도 있다

만해,
만해

김소월

- 남에는 영랑
북에는 소월

인구에 회자하는
「진달래꽃」

나의 영혼을 흔들어 놓은
「초혼」

「빼앗긴 들에도 봄은 오는가」
못지않은
「바라건대는 우리에게 우리의 보습 대일 땅이 있었더면」

내가 끝까지 부르지 못하는
노래로 태어난,
'낙엽이 우수수 떨어질 때'로 시작하는
「부모」

- 남에는 영랑
북에는 소월

이육사

「광야」 하면
「청포도」 하면
이육사

정인보,
신석초와 가깝게 지낸
항일 운동가이자
시인

1927년 장진홍張鎭弘의 조선은행 대구지점 폭파사건,
1929년 광주학생운동,
1930년 대구 격문사건檄文事件 등에 연루되어
무려 열일곱 차례나 감옥과 인연을 맺었다

중국을 드나들면서 독립운동을 하다가
1943년 7월 모친과 맏형 소상에 참여하러
귀국했다가
일본 관헌에게 붙잡혀,
베이징으로 송치되어
1944년 1월 베이징 감옥에서 작고하였다

아까운 생을
주로 감옥에서 보내다가
감옥에서 생을 마무리하다니

「광야」 하면
「청포도」 하면
이육사

김기림
— 편석촌片石村

나에게
시에 대한 재미를 듬뿍 안겨준
「바다와 나비」를 낳은
김기림

생각만 하면
늦은 나이에도
나의 입에서 저절로 나오는
「바다와 나비」

— 아무도 그에게 수심水深을 일러준 일이 없기에
흰 나비는 도무지 바다가 무섭지 않다.

청靑무우밭인가 해서 내려갔다가는
어린 날개가 물결에 절어서
공주처럼 지쳐서 돌아온다.

삼월三月달 바다가 꽃이 피지 않아서 서글픈
나비 허리에 새파란 초생달이 시리다.

시만 챙긴 게 아니라

이론도 챙긴
김기림

니체를 생각나게 하는
『태양의 풍속』

나에게
시에 대한 재미를 듬뿍 안겨줄 뿐만 아니라
시에 대해 질리게도 한
「기상도氣象圖」를 낳은
김기림

백석

백석의 시 「흰 바람벽이 있어」에 나오는
'나는 이 세상에서 가난하고 외롭고 높고 쓸쓸하니 살어가
도록 태어났다'는
구절이
나로 하여금
'외롭고 낮고 쓸쓸한' 이라는 말을 낳게 했다

백석은 외롭고 높고 쓸쓸하고
나는 외롭고 낮고 쓸쓸한 것이다

백석의 시를 필사한
윤동주 역시
백석의 「흰 바람벽이 있어」에 영향을 받았음이 틀림없다

- 하눌이 이 세상을 내일 적에 그가 가장 귀해하고 사랑하는
것들은 모두
가난하고 외롭고 높고 쓸쓸하니 그리고 언제나 넘치는 사랑과
슬픔 속에 살도록 만드신 것이다
초생달과 바구지꽃과 짝새와 당나귀가 그러하듯이
그리고 또 '프랑시쓰 잼' 과 도연명과 '라이넬 마리아 릴케'가
그러하듯이

- 어머님, 나는 별 하나에 아름다운 말 한마디씩 불로 봅니다.
소학교 때 책상을 같이 했던 아이들의 이름과 패, 경, 옥,
이런 이국 소녀들의 이름과, 벌써 아기 어머니된 계집애들의
이름과, 가난한 이웃 사람들의 이름과, 비둘기, 강아지, 토끼,
노새, 노루, '프랑시스 잠', '라이너 마리아 릴케', 이런 시인의
이름을 불러 봅니다.

백석과 윤동주가
프랑시스 잠과 라이너 마리아 릴케에 꽂힌 것을

윤동주와 나 못지않게
백석에게 신세진
오르페우스의 후예들이 한둘이 아닐 것이다,
신경림과 안도현이 털어놨듯이

* 대전문학관에 백석의 시집 『사슴』이 있는데 그 시집은 백석이 영랑에게 준 시집이다

김광균

소설가를 꿈꾼 적은 있어도
시인을 꿈꾼 적은 없는 내가
마산 국군통합병원에서
양장본 시집인 와사등瓦斯燈을 만난 적이 있다

瓦斯燈
1978
槿域書제

그때 그 사연을
『마산』이라는 시집에
'국군마산통합병원의 기념품 삽이 내 앞에 김광균의『와사등』을 내놓았다'는
시로 이실직고한 적이 있다

우연히
1948년 생인
『기항지寄港地』와 인연을 맺은 내가
『기항지』를 애지중지하고 있다

『瓦斯燈』과 『기항지』를 낳은

모더니스트인

김광균이 사업가로 변신하지 않고

문단활동을 지속하였더라면

한국문학사는 달라져도 많이 달라졌을 것이다

이용악
- 편파월片破月

함경북도 학성이 낳은
김기림은 호가 편석촌片石村인데
함경북도 경성이 낳은
이용악은 편파월片破月이다

운명이 그로 하여금
소시적부터 가난과 가까이 지내게 하여
자신의 체험을 시로 낳았다

더불어
일제하 유이민의 참담한 삶과
궁핍한 시대상이 그를 가만두지 않았다

1930년대
서정주, 오장환과 어깨를 나란히 하였다

광복 후 조선문학가동맹 시 분과 위원으로
『중앙신문』 기자로 밥을 먹던 시절에
『오랑캐꽃』을 세상에 내던졌다

1949년 8월 경찰에 붙들려

서대문형무소에게 신세 아닌 신세를 지다가
1950년 6월 28일 인민군이 서울을 차지하자
서대문형무소와 작별한 뒤 북의 편에 섰다

6·25전쟁 전에 이미
『분수령分水嶺』,
『낡은 집』,
『오랑캐꽃』,
『이용악집李庸岳集』
네 권의 시집을 세상에 선보였다

6·25 전쟁 중엔
조선문학동맹 시분과위원장으로 활동하였으며
1956년 11월부터
조선작가동맹출판사 단행본 편집부 부주필로 일하며
생을 마감하기 전까지
반미투쟁에 앞장선 시를 썼다

해금 되어
백석 못지않게
문학청년들의 관심의 대상이 되었다

서정주

살아서는
언어의 정부라 칭송을 받았으나
죽어서는
친일반민족행위자라는 낙인에서 벗어나지 못하고 있다

미당未堂,
궁발窮髮,
다츠시로 시즈오達城靜雄

화사집,
귀촉도,
신라초,
동천으로
한국현대시의 곳간을 풍성하게 한 공은
그와 함께 땅에 묻혔다

다츠시로 시즈오란 이름으로 낳은
11편의 친일 작품이
그의 발목을 잡고
사후엔
모욕과 치욕이란 유산을 남겨 주었다

살아생전에
본의 아니게 그리됐다고
석고대죄하였으면
부관참시는 면했을 텐데

살아서는
언어의 정부라 칭송을 받았으나
죽어서는
교과서에서 쫓겨 나는 수모까지 당하고 있다

윤동주

사후에
친일반민족행위자로 낙인 찍힌
미당의 「자화상」이
윤동주로 하여금 「자화상」을 낳게 하였으니
인생은 모를 일이다

시 아닌
시인의 말인
「서시」가
인구에 회자하는 시로 변신할 줄이야

『하늘과 바람과 별과 시』 원고를
벗에게 맡기고
일본 유학을 떠났다지

도시샤대학同志社大學 영문과 재학 중
고국으로 귀향하려던 차에
항일운동을 했다는 혐의로
일본 경찰에 붙들려
후쿠오카福岡 형무소와 인연 아닌 악연을 맺었지

하늘을 우러러 한 점 부끄럼이 없기를 바라는
스물여덟의 조선 젊은이가
일본 후쿠오카 형무소에서
생체실험의 희생양이 되다니

사후에 얼굴 내민
『하늘과 바람과 별과 시』가
일본열도를 울릴 줄이야

동주,
동주의 삶을 생각하면
나의 삶은
어디에도 내놓을 수 없는 삶인 것을

사후에
친일반민족행위자로 낙인 찍힌
미당의 「자화상」이
윤동주로 하여금 「자화상」을 낳게 하였으니
인생은 모를 일이다

시문학파기념관이 '신문으로 보는 시문학파'란 제목으로 시문학파에 대한 기사를 수집해 놓았다

시문학파기념관이
'신문으로 보는 시문학파'란 제목으로 시문학파에 대한 기사를 수집해 놓았다

경향각지 먼 걸음을 한 길들 중에
시문학파에 대한 연구를 하는 길에겐
금과옥조金科玉條다

제목은 '신문으로 보는 시문학파'인데
발행일과 제목만 있고
신문사는 나와 있지 않다

발행일　　　　　제목
1930. 03. 07　　詩文學 創刊號 玉川洞一六其社 發行
1931. 09. 09　　詩文學 續刊
1931. 10. 16　　詩文學(第三號)
1931. 10. 21　　詩文學社 移轉(積善洞)
1933. 11. 22　　譯詩集 『失香의 花園』 十二月初 詩文學社에서 發行[文壇消息]
1933. 11. 22　　異河潤氏의 譯詩集 「失香의 花園」 十二月初

詩文學社에서 發行[文壇消息]

1933. 12. 06　　異河潤 著 失香의 花園 ; 京城 詩文學社 發行

1933. 12. 06　　『失香의 花園』京城 詩文學社 發行

1933. 12. 15　　月刊 純文藝誌「文學」創刊號 二十日頃 出來, 積善洞 詩文學社에서 發行

1933. 12. 21　　劇藝術(第二號) ; 京城 詩文學社 發行

1933. 12. 27　　文學(第一號) ; 京城 詩文學社 發行

1934. 04. 01　　文學(四月號) ; 京城府 積善洞 詩文學社 發行

1934. 04. 20　　劇藝術(創刊號) ; 劇藝術研究會機關誌 ; 京城詩文學社 發行

1935. 11. 06　　鄭芝溶 詩集과 永郞 詩集 刊行 近日 詩文學社로부터

1935. 11. 06　　鄭芝溶詩集과 永郞詩集 刊行 近日詩文學社로부터

1935. 11. 06　　鄭芝溶詩集과 永郞詩集 刊行 近日 詩文學社로부터

'신문으로 보는 시문학파'란 제목을 고집하려면 신문사를 찾아 넣어야 하고

그렇지 않으려면
'신문으로 보는 시문학파'란 제목을 버리고
다른 제목으로 대체해야 하는데
마땅한 제목이 떠오르지 않는다

마땅한 제목이 떠오르지 않으니
'신문으로 보는 시문학파'란 제목을 버리지 말고
기사가 실린 신문사를 찾아내야 한다

시문학파기념관이
'신문으로 보는 시문학파'란 제목으로 시문학파에 대한 기사를
수집해 놓았다

* 강진시문학파기념관 홈페이지의 '시문학파 소개'에 나와 있는 신문으로 보는 시문학파에 대한 자료를 인용하였다.

시문학파기념관이 '시문학 창간호 편집후기'와 '시문학지'에 대하여 소개하다

시문학파기념관이
시문학파를 소개하면서
맨 마지막으로
'시문학 창간호 편집후기'와 '시문학지'에 대하여 소개하고 있다

맨 처음에 얼굴 내민 것과
맨 나중에 얼굴 내민 것이
중요하다는 걸
경향각지 먼 걸음을 한 길들이 모를 리 없다

- 창간호 편집후기
우리는 詩(시)를 살로 색이고 피로 쓰듯 쓰고야 만다. 우리의 詩(시)는 우리 살과 피의 매침이다. 그럼으로 우리의 詩(시)는 지나는 거름에 슬적 읽어치워지기를 바라지 못하고 우리의 詩(시)는 열 번 스무 번 되씹어 읽고 외여지기를 바랄 뿐, 가슴에 늣김이 잇을 때 절로 읇허 나오고 읇흐면 늣김이 이러나야 만한다. 한 말로 우리의 詩(시)는 외여지기를 求(구)한다. 이것이 오즉 하나 우리의 傲慢(오만)한 宣言(선언)이다. 사람은 生活(생활)이 다르면 감정이 갓지 안코 敎養(교양)이 갓지 안으면, 感受(감수)의 限界 (한계)가 따

61

라 다르다. 우리의 詩(시)를 알고 늣겨줄 만흔 사람이 우리 가운대 잇슴을 미더 주저하지 안는 우리는 우리의 조선말로 쓰인 詩(시)가 조선사람 전부를 讀者(독자)로 삼지 못한다고 어리석게 불평을 말하려 하지도 안는다.

이것이 우리의 自限界(자한계)를 아는 謙遜(겸손)이다.

한 민족이 言語(언어)가 발달의 어느 정도에 이르면 口語(구어)로서의 존재에 만족하지 안이하고 文學(문학)의 형태를 요구한다. 그리고 그 文學(문학)의 成立(성립)은 그 민족의 言語(언어)를 完成(완성)식히는 길이다. 우리는 조금도 바시대지 안이하고 늘진한 거름을 뚜벅거러 나가려 한다. 虛勢(허세)를 펴서 우리의 存在(존재)를 인정바드려하지 안니하고 儼然(엄연)한 存在(존재)로써 우리의 存在(존재)를 戰取(전취)하려 한다.

임의 一家(일가)의 品格(품격)을 이루어 가지고도 또 이루엇슴으로 作品(작품)의 發表(발표)를 꺼리는 詩人(시인)이 어덴지 여러분이 잇슬듯십다. 우리의 同人(동인) 가운대도 자기의 詩(시)를 처음 印刷(인쇄)에 부치는 二三人(2~3인)이 잇다. 우리는 모든 謙虛 (겸허)를 準備(준비)하야 새로운

同人(동인)들을 마지하려한다. 第 1號(제1호)는 編輯(편집)에 急(급)한 탓으로 硏究紹介(연구소개)가 업시되엿다. 압흐로는 詩論(시론), 時調(시조), 外國詩人 (외국시인)의 紹介(소개) 等(등)에도 잇는 잇는 힘을 다하려 한다. 더욱이 여러 가지 어긋짐으로 樹州(수주)의 詩(시) 를 못시름은 遺憾(유감)이나 次號(차호)를 기약한다.

本誌(본지)는 一, 三, 五, 七, 九, 十一月의 隔月刊行(격월간행)으로 할 作定(작정)이다. 여러 가지 形便(형편)도 잇거니와 詩(시)의 雜誌(잡지)로는 당연한 일일듯십다. 이번 號(호)는 엇저는수업시 三月(3월)에 나가게 되엿스나 第二號(제2호)는 四月初(4월초)에 (原稿締切 三月二十五日〈원고체절 3월25일〉) 第三號는 五月初에(原稿締切 四月三十日〈원고체절 4월30일〉) 내여서 마춰나갈 예정이다……

編輯(편집)에 주문이 잇스시는이는 거침업시……(龍兒)

- 『시문학』 창간호
창간1호 표지

1930. 3. 5 발행 - 창작 시 24편 / 번역시 5편

1930년 3월 5일에 발간된『시문학』창간호의 구성을 살펴보면 창작 시, 번역시, 편집 후기, 투고 규정으로 이루어져 있다. 창작 시는 24편 수록되어 있는데, 이 중 김영랑의 시 13편, 박용철의 시 5편, 정지용의 시 4편, 이하윤의 시 2편이다.

그리고 번역시는 정인보 1편, 이하윤 2편, 박용철 2편 등

모두 5편이 수록되어 있으며, 이는 외국 시집의 시를 번역한 것들이다.

-『시문학』제2호
창간2호 표지

1930. 5. 20 발행 - 창작 시 25편 / 번역시 18편

1930년 5월 20일에 발간된『시문학』제2호의 편집구성은 창간호와 마찬가지로 창작 시, 번역시, 편집후기, 투고규정으로 이루어져 있다. 창작 시는 25편 수록되어 있는데, 김영랑의 시 9편, 박용철의 시 4편, 정지용의 시 7편, 변영로의 시 1편, 김현구의 시 4편이다.

그리고 번역시 18편은 정인보 2편, 정지용 2편, 이하윤 3편, 박용철 11편으로 외국 시집에 발표된 시를 번역한 작품들이다.

-『시문학』제3호
창간3호 표지

1931. 10. 10 발행 - 창작 시 20편 / 번역시 12편

1931년 10월 10일에 발간된『시문학』제3호의 구성은 창작 시와 번역시, 시인의 말, 편집후기로 이루어져 있다. 투고 규정이 없고, 대신「시인의 말」을 수록한 점이 창간호 제2호와 다르다. 창작 시는 20편 수록되어 있는데, 김영랑의 시 7편, 박용철의 시 2편, 정지용의 시 4편, 김현구의 시 4편, 허보의 시 2편, 신석정의 시 1편이다.

그리고 번역시 12편은 이하윤 2편, 박용철 10편으로 외국 시집의 시들을 번역한 것들이다.

《시문학》이 3호 이후로
세상에 얼굴 내밀지 않은 건 유감이지만

열악한 시대적 환경을 감안하면
그것도 감지덕지다

시문학파기념관이
시문학파를 소개하면서
맨 마지막으로
'시문학 창간사'와 '시문학지'에 대하여 소개하고 있다

* 강진시문학파기념관 홈페이지의 '시문학파의 소개'에 나와 있는 '시문학 창간사'와 '시문학지'에 대한 자료를 인용하였다.

2부

시문학파기념관이 '시인의 전당'으로 시문학파 구인에 대하여 이야기하고 있다

시문학파기념관이
'시인의 전당'으로 시문학파 구인에 대하여 이야기하고 있다

시문학파의 얼굴 마담인 영랑에서부터
생은 아나 몰은 모르는 허보에 이르기까지
시문학파 구인에 대하여 이야기하는
시문학파기념관의 태도가 진지하다

해와 달, 별빛이 편애하지 않듯이
시문학파 구인
김영랑, 박용철, 정지용, 정인보, 이하윤, 변영로, 김현구,
신석정, 허보
누구에게도 치우치지 않고
시문학파 구인에 대하여 이야기하는
시문학파기념관은 곧다

시문학파 구인에 대하여
그냥 어디서 주워들은 이야기가 아니라
발로 뛴 게 분명하다

자신이 태어나도록 해준
시문학파를
소홀히 다룰 시문학파기념관이 아니다

봐라 봐,
시문학파기념관의 혁혁한 눈빛을

시문학파기념관이
'시인의 전당'으로 시문학파 구인의 이력에 대하여 이야기하고 있다

영랑 김윤식

'물 보면 흐르고 별 보면 또렷한'이
없었으면
《물과별》은
세상에 얼굴 내밀지 못했을 것이다

'내 마음의 어딘 듯 한편에 끝없는 강물이 흐르네'로 시작하는
「동백잎에 빛나는 마음」이 없었으면
『동백꽃똥구멍쪽쪽빠는새』라는 시집이
세상에 얼굴 내밀지 못했을 것이다

『당당한 영랑생가』,
『모란을 위하여』
『영랑생가에게 면목없다』
『영랑생가 내 눈결에 쏘인 것들은』
『영랑생가 은행나무에 대한 몽상』
『영랑생가가 나에게 신신당부하다』
『영랑생가는 시문학의 성지다』는
남의 자식인가

영랑, 영랑이 아니었으면

태어나지 않았을 나의 시집이
보다시피 한두 권 아닌 여러 권이다

나로 하여금
자신에게
가장 많은 빚을 지게 한 이가
영랑이다

'물 보면 흐르고 별 보면 또렷한'이
없었으면
《물과별》은
꿈도 꾸지 못했을 것이다

용아 박용철

언제나 너그러운 용아가
영랑하고 의기투합하여
《시문학》을 낳았다

영랑생가가
《시문학》의 외가라면
용아생가는
《시문학》의 친가다

2022년 《물과별》을 낳은
나는 곳간이 비여
쩔쩔 매고 있는데
1930년 그때 그 시절에
《시문학》을 당당하게 낳았다

《시문학》에 이어
『문예월간』,
『문학』지까지 낳고
『정지용 시집』,『영랑시집』까지 낳아주었다

인구에 회자하는

「떠나가는 배」가
나의 뇌리를 떠나지 않는다

누구에게나 너그러운 용아가
영랑하고 의기투합하여
《시문학》을 낳았다

정지용

납북되어
6·25전쟁 중

동두천 소요산에서
미군의 폭격으로 생을 앞당겼다고 한다*

문장으로
'청록파' 3인을 문단에 내보내고
이상도 내보낸
정지용이
동두천 소요산에서
미군의 폭격으로 생을 앞당겼다니

6·25전쟁,
6·25전쟁이 아니었으면
더 풍요로웠을 한국현대문학사를 생각하면
마음이 아프다

「향수」,
「향수」 하나만으로도
우리들의 가슴에 살아남은

정지용

납북되어
6·25전쟁 중

동두천 소요산에서
미군의 폭격으로 생을 앞당겼다고 한다

* 동두천시사에 나오는 이야기다

위당 정인보

나의 가슴을 울컹하게 하는
'흙 다시 만져보자
바닷물도 춤을 춘다'로 시작하는
광복절 노래를 낳았다

두 집 내고 살려고 바동거리는
나의 삶과는 거리가 먼
위당 정인보

상하이에서
박은식, 신규식 등과 함께
동제사를 낳은
위당 정인보

모스크바 3상 회담에 반기를 들고
신탁통치 반대 국민총동원위원회 위원이 된
위당 정인보

대쪽보다
더 곧은
위당 정인보

납북 된 뒤
황해도 어딘가에서 폭격으로
생을 앞당겼단다

나의 가슴을 울컹하게 하는
'꿈엔들 잊을 건가
지난 일을 잊을 건가'로 시작하는
광복절 노래를 낳았다

연포 이하윤

해방 전에도 잘나가고
해방 후에도 잘나갔다

프랑스어,
이탈리아어,
독일어를 가까이하며

일본어는 기본이었으니
조선말까지
다섯 나라 말을 가까이한 셈인데
영어는 가지고 놀지 않았을까

6·25전쟁이 일어나기 전에도 잘나가고
6·25전쟁이 전쟁이 끝난 뒤에도
잘나갔다

교사로
언론인으로
대학교수로
『물레방아』를 낳은
문인으로

수주 변영로

시문학파기념관이
나에게 귀띔해 준 변영로와
내가 뒤늦게 조사해 알고 있는
변영로는 하늘과 땅 차이다

잘나가는 집안에서
잘나가는 형들을 둔 변영로가
1919년 독립선언서를 영문으로 번역해 해외에 소개했다.

《시문학》으로 작품활동을 하기 전에
《폐허》로
《장미촌》으로 작품 활동을 하였다

〈버러지도 싫다하올 이몸이〉를 비롯한
28편의 시와 수상 8편이 수록된
첫 시집 『조선의 마음』을
1924년 일제강점기에 낳았다

시문학으로 활동을 한 다음 해
미국으로 가
캘리포니아 새너제이 주립 대학교 영어영문학과와 동고동락

하다가
도중에 돌아왔다

귀국한 뒤 동아일보에서
『신가정新家庭』에서 활약하다가
해방 후 성균관대학교 영문과 교수로
해군사관학교 영어교관으로 활약을 하였다

1950년대 중반엔
대한공론사大韓公論社의
한국펜클럽의 맨 앞자리를 차지하였다

1961년 인후암으로 세상을 떠나기 전까지
그가 역임한 이력을 낱낱이 들여다보면
다들 입이 벌어질 것이다

"술이라 하면 수주를 뛰어넘을 자가 없고
담배라 하면 공초를 뛰어넘을 자가 없다."라는 유행어를 낳은
수주의 『명정사십년』이 그냥 태어난 게 아니다

시문학파기념관이
나에게 귀띔해 준
논개의 시인 변영로와
내가 뒤늦게 조사해 알고 있는
변영로는 하늘과 땅 차이다

현구 김현구

시속에 세계고世界苦가 얼굴 내민
현구는 서문안 말로 시를 쓰고
영랑은 탑동 말로 시를 썼다

서문안 말과 탑동 말은
다 같은 강진 말인데
둘 사이 뭔 차이가 있나

더구나
서문안과 탑동은
서로 어깨동무하고 있는데
두 말 사이 뭔 차이가 있기에
시가 비슷하기보다는
시가 많이 다르나

현구, 현구의 시는
사행시를 제외하고
영랑보다는
석정과 더 가까운 면이 엿보이니
어찌된 일인가

니체를 가까이한
현구는 서문안 말로 시를 쓰고
영랑은 탑동 말로 시를 썼다

석정 신석정

목가적인 석정의 시를 보면
석정이 한때
타고르에 꽂힌 게 사실이다

석정이
타고르의
기탄잘리, 기탄잘리와 가까이 지낸 것이다

나는 한 차례 멋진 타고르의 시구를
각주도 달지 않고
산문에다 써먹은 적이 있는데
돌아보지 않아도
이보다 더 부끄러운 일이 없다

정신 없어
각주, 각주를 빠뜨려도
용서가 되지 않는데
제 것인 것처럼
써먹은 걸 이실직고해도
용서가 되지 않기에 고민이다

나에게 불쾌한 추억을 떠오르게 한
석정이
서문으로
현구시집에 힘을 실어주었다

목가적인 석정의 시를 보면
석정이 한때
타고르에 꽂힌 게 분명하다

허보

생은 1907년이나
몰은 미상인
허보의 작품을 찾아내느라 발품을 판 적이 있다

십 년도 더 전
『시문학파 구인 대표 시선』을 꿈꾼 내가
『시문학파 구인 대표 시선』에 실을
허보의 작품을 찾아 나선 것이다

한국민족문학대백과사전이
허보에 대한 이력을 알려주고
허보가 발표한 작품도 알려주지만
실제 작품은 알려주지 않아
내가 알고 있는 허보의 작품은
시문학파기념관이 챙긴 '검은 밤'뿐이다

허보의 작품을 추적하는 중에
2007년 상지대학교 교육대학원
교육학과 국어교육전공
안영숙의 학위 논문
'시문학파 연구'를 찾았는데

김현구와 허보의 시를 중심으로 태어난
논문이었다

그 논문이 나에게
허보의 '城外에 落照'라는 시 외에
7편의 시를 만나게 해 주었다

생은 1907년이나
몰은 미상인
허보를 찾아내느라 발품을 판 적이 있다

3부

시문학파기념관은 '시문학파' 전후의 문학 유파에 대하여 빠삭하다

시문학파기념관은
'시문학파' 전후의 문학 유파에 대하여 빠삭하다

'시문학파' 전후의 문학 유파에 대하여 빠삭할 뿐만 아니라
한국문학사에 대하여 빠삭하다

한국문학사에 대하여 빠삭하여도
주제넘게 나서지 않고
한국시문학사에 대하여만 이야기하고 있다

한국시문학사 중에도
시문학파 전후의
문학 유파에 대하여 들려주고 있다

동인지 운동의 효시 창조파,
퇴폐적 상징주의 폐허파,
감상적 낭만주의 백조파,
사회적 리얼리즘 신경향파,
민족문학의 부흥을 꿈꾼 국민문학파,
순수시 운동의 선구자 해외문학파,

언어의 미의식을 추구한 시문학파,
문명비평과 주지적 태도의 모더니즘,
생명현상의 본질을 탐구한 생명파,
자연의 재발견에 목을 맨 청록파

먼 걸음을 한 길들 중의 하나인 나에게
'시문학파' 전후의 문학 유파를 그냥 안겨준
시문학파기념관에게 어떻게 감사의 표시를 해야 하나

내가 가진 건
오직 시밖에 없고
앞으로 할 수 있는 것도 오직 시밖에 없는데

나중에
'시문학파기념관은
'시문학파' 전후의 대표적 문학 유파에 대하여 빠삭하다'라는
시라도 써
시문학파기념관에게 감사하는 마음을 표해야겠다

시문학파기념관은
'시문학파' 전후의 대표적 문학 유파에 대하여 빠삭하다

창조파

《시문학》은
1930년 3호에 그치고 말았는데
1919년 창간부터
1921년 종간까지
3년간 9권이나 낳다니

1919년 2월 1일 일본 유학생이었던
김동인金東仁, 주요한朱耀翰, 전영택田榮澤에 의해
도쿄에서 태어났다며

창간호에
주요한의 시「불놀이」가
김동인의 소설「약한 자의 슬픔」이
전영택의 소설「혜선의 사」등이 얼굴 내밀었다지

창간호는
김동인, 주요한, 전영택, 김환金煥, 최승만崔承萬이 의기투합
하였으며
제2호는 이광수李光洙가
제3호는 이일李一, 박석윤朴錫胤이
제7호는 오천석吳天錫이

제8호는 김관호金觀鎬, 김억金億, 김찬영金瓚永이
제9호는 임노월林蘆月이 힘을 실어 줬다지

최남선의
계몽주의를 반대한
순수문학 운동을 전개한 것이
창조의 공적이라며

폐허파

생은 1920년 7월이며
몰은 1921년 1월이다

3호로 마감한
《시문학》보다 단명하다고 하는데
2호로 마감하였으니
《시문학》보다 더 단명하다

창간호는
회동서관匯東書館 고경상이 1,000부를
2호는 이병조李秉祚가
신반도사新半島社에서 발행하였단다

『폐허』라는 이름은
실러(Schiller,J.C.)의
"옛것은 멸하고, 시대는 변하였다.
내 생명은 폐허로부터 온다."라는
시구에서 따왔단다

- 우리가 황량낙막荒凉落寞한 조선의 예원藝苑을 개척하여
거기다 무엇을 건설하고 부활하고 이식하여 백화난

만한 화원을 만들어놓으면, 그것이 세계예원世界藝園의 내용;
외관外觀을 더 풍부하게 하는 것이 아닌가.

이름값을 하듯
서구의 퇴폐적 상징주의를
소개하고 창작하여 전파하였다고 하나
나라 잃은 시대에 얼굴 내민
폐허의 후기가 숭고하다

백조파

1922년 1월
박종화, 홍사용, 나도향, 박영희 등
배재학당과 휘문의숙 출신의 문학청년들이
의기투합한 문예지다 .

편집인은 홍사용,
발행인은
1호는 아펜젤러(미국인 선교사, 배재학당 교장),
2호는 보이스 부인(미국인 선교사),
3호는 훼루훼로(망명한 백계 러시아인)이다.

김덕기金德基와 홍사용의 재종형인
홍사중洪思中이 뒤에서 밀어줘
문화사文化社에서 태어났다

격월간으로 꿈이 원대하였으나
1922년 5월 2호,
1923년 9월 3호 세 걸음 만에 끝났다

≪백조≫는 문예지로
≪흑조 黑潮≫는 사상지로 키우기로

마음 먹고
그 제일보로 ≪백조≫를 창간하였는데
단명하게 끝난 것이다

이상화李相和의 〈나의 침실로〉(제3호),
박영희의 〈꿈의 나라로〉(제2호),
〈월광月光으로 짠 병실病室〉(제3호),
박종화의 〈흑방비곡黑房悲曲〉(제2호),
〈사死의 예찬禮讚〉(제3호) 등이고
소설 분야에서 나도향의 〈여이발사〉(제3호),
현진건玄鎭健의 〈할머니의 죽음〉(제3호),
박종화의 〈목매는 여자〉(제3호)가 《백조》와 동고동락하였다

감상적 낭만주의라 블리는 백조는
서구의 낭만주의와는 달리
병적이고 퇴폐적인 면이 강하였는데
3·1운동의 실패가
청년 작가들에게 센티멘털 로맨티시즘을 가져다 준 것이다

1922년 1월
박종화, 홍사용, 나도향, 박영희 등
배재학당과 휘문의숙 출신의 문학청년들이
의기투합한 문예지다

신경향파

신경향파 하면
사회적 리얼리즘인
카프가 나의 뇌리를 때린다

시문학파의 반대편에
카프가 있다면
시문학파와 적대관계라는 오해를 살 수 있겠다

예술로 추구하는 바가 다를 뿐
적대관계는 아니다

- 임화, 권환, 안막, 박세영, 박팔양,
김창술, 유완희, 이찬, 박아지, 박영희

임화, 안막, 박세영은
나도 많이 들은 인물이다

카프 하면 임화요
안막은 영랑과 인연이 있은
최승희의 남편이요
박세영은 북한의 국가를 작사한 시인이다

"예술을 무기로 하여
조선 민족의 계급적 해방을 목표로 한다."하였으니
일제의 눈엣가시이자
일제의 앳가심이었다

신경향파 하면
무산계급의 해방을 위한 목적주의 문학운동인
카프가 나의 뇌리를 때린다

*카프(KAPF : Korea Artist Proletariat Federation): 1925년 결성.

국민문학파

신경향파의 반대편에
시문학파가 있는 게 아니라
민족문학의 부흥을 꿈꾼 국민문학파가 있다

카프와 적대관계라는
오해를 살 수 있겠다가 아니라
이념적으로 적대관계다

1920년대 중반에 문단을 휩쓸던
카프의 계급주의 문학에 맞서
민족정신을 강조하였다

최남선, 이광수의 민족주의 문학과
양주동, 염상섭의 절충주의가
의기투합한 것이다

민족주의 문학은
계급을 초월하여 민족애를 고조시키고
민족사를 찬미하는 데 그 문학적 이상을 두었고
절충주의는
당시의 문예 운동이 나아갈 목표를

국민문학의 건설에 두고,
계급주의 문학이 카프의 전유물이 아니라
국민문학의 한 시대적 요소로 보았다

신경향파의 반대편에
시문학파가 있는 게 아니라
민족문학의 부흥을 꿈꾼 국민문학파가 있다

해외문학파

이하윤을 비롯한
일본 호세이대학에 재학 중인
외국문학 전공 유학생들에 의해 태어났다

해외문학의
번역, 소개, 연구를 위하여 결성한
외국문학 연구 모임이다

시문학파인
이하윤과 동고동락하였으니
시문학파와 인척간이다

시문학의 바통을 받은
『문예월간文藝月刊』이
'해외문학파'의 연장이라는 말은 사실이다

해외문학파는
일본 유학생 중심의 외국문학연구회의 회원들 뿐만 아니라
서울京城에서 창간된 『해외문학海外文學』지의
집필진도 해당된다

이하윤을 비롯한
일본 호세이대학에 재학 중인
외국문학 전공 유학생들에 의해 태어났다

1926년 일본 유학생들을 중심으로
해외문학의 소개, 번역, 연구를 위하여 결성된
외국문학연구모임이다

시문학파와 인척간이다

모더니즘

모더니즘이
무어냐고
누군가가 물으면
바로 답할 수 있는 자는 많지 않다

모더니즘은
기존의 리얼리즘과
합리적인 기성 도덕, 전통적인 신념 등을 일체 부정하고,
극단적인 개인주의, 도시 문명이 가져다 준
인간성 상실에 대한
문제의식 등에 기반을 둔 다양한 문예사조라고
시문학파기념관이 나에게 귀띔해 준다

모더니즘은
표현주의, 미래파, 이미지즘, 다다이즘, 초현실주의,
주지주의, 신즉물주의 등
다양한 방식으로 나타난단다

1930년대 모더니즘은
김기림, 정지용, 김광균, 장만영의
영미 이미지즘 계열과

이상과 『34문학』 동인들의 초현실주의 계열을 말한단다

모더니즘이
무어냐고
누군가가 물으면
바로 답할 수 있는 자는 많지 않다

생명파

생명, 생명 하면
맥박이 뛰는 소리가 들리는데
생명파의 시에는
무슨 소리가 들릴까

먼저 생명파가
누구인가 찾아내
그들의 시에
곧장 귀 기울여보면 그냥 알 수 있겠지

생명파는
『시인부락』
서정주, 김동리, 오장환, 함형수와
『청마시초』를 낳은 유치환이네

생명현상의 모순과 갈등,
자아탐구와 절대고독의 시세계에
관심을 가진
시인부락

맨 먼저

미당의 「화사」와
청마의 「바위」에 귀 기울여
무슨 소리가 들리는가 알아봐야지

생명, 생명 하면
맥박이 뛰는 소리가 들리듯이
생명파의 시에도
맥박이 뛰는 들리지 않을까

청록파

지금도
구태의연하단 말을 듣지 않는
그때 그 시절
『청록집』은 그야말로 신선하였다

《문장》이
문단에 내보낸
박목월,
조지훈,
박두진

박목월,
조지훈,
박두진이 어깨동무한
『청록집』

『청록집』의
맨 앞자리를 차지한
목월의 초기시가
영랑의 시와 그리 멀지 않다

지금도
고리타분하단 말을 듣지 않는
그때 그 시절
『청록집』은 그야말로 신선하였다

4부

시문학파기념관이 시문학파 구인의 시화로 나의 발길을 붙들다

시문학파기념관이
시문학파 구인의 시화로 나의 발길을 붙든다

먼 걸음을 한 길들 중의 하나인 내가
시문학파 구인의
시화에 꽂혀 자리를 떠나지 못한다

내가
시화에 꽂히지 않고 베길 수 없는 건
그냥 시화가 아니라
그 시화가
시문학파 구인의 대표작이어서다

시문학파 구인의 시화를
눈빛에 담는 나는
작시치다

시문학파 구인의 시화를
눈빛에만 담는 게 아니라
스마트폰에 담고
디지털 카메라에도 담는다

작시치인 나를 제외한
먼 걸음을 한 길들 중 몇 길이나
시문학파 구인의 시화에 꽂혀
발길이 붙들리는지 궁금하다

시문학파기념관이
시문학파 구인의 시화에 붙들린 나의 발길을 놔준다,
갈 길이 바쁜

시화 「모란이 피기까지는」 앞에서

강진은 영랑이고
영랑은 「모란이 피기까지는」이니
강진은 「모란이 피기까지는」인 셈이다

강진의 전설이 된
「모란이 피기까지는」이
영랑에 의해 수모를 당한 적이 있다

영랑이
「모란이 피기까지는」을 낳은 뒤에
뭔가 맘에 들지 않아
구겨 버린 걸
춘원이 주워 펼쳐 본 덕에
「모란이 피기까지는」이 기사회생한 것이다

영랑이 구겨서 버렸기에 살아났지
찢어서 버렸다면
「모란이 피기까지는」은 기사회생하지 못했을 것이다

영랑이 처음
「모란이 피기까지는」을 구겨 버린 이유를

나는 안다

그건
비밀이다

시화 「떠나가는 배」 앞에서

용아는
스물여섯에 《시문학》을 창간하였고
나는 예순일곱에 《물과별》을 창간하였다

생이 1955년인 나의 스물여섯은
군복무를 마친 1년 뒤 1981년인데
스물여섯에
나는 처녀작 「At the River Bank」를
대학 영자신문에 실었는데
용아는
스물여섯에
《시문학》으로 한국문학사에 한 획을 그었다

《시문학》의 발원지인
용아

- 나 두야 간다
나의 이 젊은 나이를
눈물로야 보낼거냐
나 두 야 가련다

아늑한 이 항군들 손쉽게야 버릴거냐
안개같이 물어린 눈에도 비치나니
골짜기마다 발에 익은 묏부리 모양
주름살도 눈에 익은 아, 사랑하던 사람들

버리고 가는 이도 못 잊는 마음
쫓겨가는 마음인들 무어 다를거냐
돌아다보는 구름에는 바람이 헤살짓는다
앞 대일 언덕인들 마련이나 있을거냐

나 두 야 가련다
나의 이 젊은 나이를
눈물로야 보낼거냐
나 두 야 간다.

스물여섯은 새 빗자루,
예순일곱은 몽당빗자루

나도 뭔가를 하련다
설 자리가 없어 행복하다며
그냥 세월을 죽일 게 아니라

《물과별》로

문단의 적폐를 청산하는 데

불쏘시개가 될 것이다

시화 「향수」 앞에서

「향수」 앞에 서니
노래가
절로 나온다

작곡가 김희갑과
테너 박인수와
가수 이동원이 의기투합하여 노래로 다시 태어난
「향수」

넓은 벌 동쪽 끝으로
옛이야기 지줄대는 실개천이 회돌아 나가고,
얼룩백이 황소가
해설피 금빛 게으른 울음을 우는 곳,

-그 곳이 참하 꿈엔들 잊힐리야.

질화로에 재가 식어지면
뷔인 밭에 밤바람 소리 말을 달리고,
엷은 조름에 겨운 늙으신 아버지가
짚벼개를 돋아 고이시는 곳,

―그 곳이 참하 꿈엔들 잊힐리야.

흙에서 자란 내 마음
파아란 하늘 빛이 그립어
함부로 쏜 활살을 찾으려
풀섶 이슬에 함추름 휘적시든 곳,

―그 곳이 참하 꿈엔들 잊힐리야.

전설傳說바다에 춤추는 밤물결 같은
검은 귀밑머리 날리는 어린 누의와
아무러치도 않고 여쁠 것도 없는
사철 발벗은 안해가
따가운 해ㅅ살을 등에지고 이삭 줏던 곳,

―그 곳이 참하 꿈엔들 잊힐리야.

하늘에는 석근 별
알수도 없는 모래성으로 발을 옮기고,
서리 까마귀 우지짖고 지나가는 초라한 집웅,
흐릿한 불빛에 돌아 앉어 도란 도란거리는 곳,

-그 곳이 참하 꿈엔들 잊힐리야.

일제에 짓밟힌
조선이 그리워하는 건 다
「향수」에
얼굴 내민다

     지용이
동두천 소요산에서
폭격에 의해
생을 마감한 걸 몰랐어야 했는데

지용의 죽음을 생각하니
절로 나온
노래가
절로 서글퍼진다

시화 「논개」 앞에서

수주樹州는 부천이다

수주가 잘나가면 부천이 잘나가고
수주가 못 나가면 부천이 못 나가니
부천이 수주를 잘 받들어 모실 수밖에 없다

진주성 촉석루에서 남강을 바라보며
수주의「논개」를 만난 적이 있다

- 거룩한 분노는
종교보다도 깊고,
불붙는 정열은
사랑보다도 강하다.
아, 강낭콩꽃보다도 더 푸른
그 물결 위에
양귀비꽃보다도 더 붉은
그 마음 흘러라.

아리땁던 그 아미(蛾眉)
높게 흔드리우며,
그 석류 속 같은 입설

죽음을 입맞추었네!
아, 강낭콩꽃보다도 더 푸른
그 물결 위에
양귀비꽃보다도 더 붉은
그 마음 흘러라.

흐르는 강물은
길이길이 푸르리니
그대의 꽃다운 혼
어이 아니 붉으랴.
아! 강낭콩꽃보다도 더
푸른 그 물결 위에
양귀비꽃보다도 더 붉은
그 마음 흘러라.

1922년, 신생활에 얼굴 내민
시집 『조선의 마음』이 챙긴
「논개」

수주樹州는 부천이다,
수주水酒 아닌

아니다
아니다

수주樹州는
수주水酒여도 일없다

그때 그 시절은
취하지 않고
베길 수 없는 세상이었으니

시화 「님이여 강물이 퍼렇습니다」 앞에서

영랑이
《시문학》으로 챙겼지만
영랑에 묻혔다

1949년 공보처 출판국장인
영랑의 시는
교과서에 얼굴 내밀어
인구에 회자하였는데
현구의 시는
《시문학》,《문예월간》,《문학》에 얼굴 내민 걸로
그쳤다

비매품을 고집하여
첫 시집을 세상에 내던지지 못하고
비명에 간 현구의
「님이여 강물이 몹시도 퍼럿습니다」가
나에게 눈빛을 보낸다

- 한숨에도 불녀갈듯 보-하니 떠잇는
은ㅅ빗 아지랑이 깨여흐른 머언 산ㅅ돌네
구비구비 노인길은 하얏케 빗남니다

님이여 강물이 몹시도 퍼럿슴니다

헤여진 성ㅅ돌에 떨든 해ㅅ살도 사라지고
밤비치 어슴어슴 들우에 깔니여 감니다
훗훗달른 이얼골 식여줄 바람도 업는것을
님이여 가이업는 나의마음을 아르십니까

현구, 현구가
교과서에 줄이 닿았더라면
영랑 못지않게 일찍 유명세를 탔을 텐데

현구, 현구 이야기만이 아니다

시화 「그 먼 나라를 알으십니까」 앞에서

타고르 냄새가 팍 난다

타고르 냄새가 나도
하나도 부끄러울 게 없는 게
「그 먼 나라를 알으십니까?」이다

속신에 젖은 어머니와 나는
맨날 불화를 일삼았는데
석정은
「그 먼 나라를 알으십니까?」로
어머니를 낙원으로 모셨다

박한영이 스승이고
달, 포도, 잎사귀의
장만영과 동서지간이고
최승범이 사위인 석정이 낳은
「그 먼 나라를 알으십니까」에 나오는
어머니, 어머니가
보부상으로 생을 거의 다 보내고
생을 마감한
미당 좁은 집의 어머니 아닌 엄니를 그립게 한다

나는 언제나
마당 좁은 집의 어머니 아닌 엄니를 노래할 수 있을까

고인이 된 뒤에도
나의 일거수일투족을 다 지켜보고 있을 엄니를

엄니,
엄니
마당 좁은 집의 어금니인
엄니를

타고르 냄새가 나도
하나도 부끄러울 게 없는
「그 먼 나라를 알으십니까?」가
마당 좁은 집의 엄니를 불러낸다

시화 「자모사慈母詞」 앞에서

석정은
「그 먼 나라를 알으십니까?」로 이
위당은
「자모사慈母詞」로 나를 울린다

지금 내 앞에 얼굴 내민
자모사 세 편만 만난 게 아니라
『자모사』를
우리시대 현대시조 100인선으로 만난 적이 있다

최남선이 친일로 돌아서자
육당이 죽었다며
육당의 집에 상복 입고 찾아간
위당이
어머니, 어머니를 노래하는 데 있어서는
저리 섬세하니

정만조鄭萬朝가 경학원의 대제학이 되어
만나는 사람마다 자랑을 일삼자
"나는 그런 대제학 열 개 주어도 안 합니다."라며
아저씨뻘 되는

정만조에게 면박을 준 위당이
'흙 다시 만져보자
바닷물도 춤을 춘다'로 시작하는
광복절 노래를 낳은 위당이
「자모사」로 또 한 차례 나를 감동 먹이다니

석정은
「그 먼 나라를 알으십니까?」로
위당은
「자모사慈母詞」로 나를 가만두지 않는다

시화 「물레방아」 앞에서

박재홍의 '물방아 도는 내력' 하면
벼슬도 싫다마는 명예도 싫어가
저절로 나오는데
연포의 '물레방아'는
솔직히 저절로 나오지는 않는다

저절로 입에서 나오지 않는
연포의 '물레방아'가 저절로 입에서 나오도록
'물레방아'를
눈빛으로
몇 번이고 만난다

'물레방아'를
눈빛으로
몇 번이고 만나니
연포의 '물레방아'가 저절로 입에서 나온다

박재홍의 '물방아 도는 내력' 하면
벼슬도 싫다마는 명예도 싫어가
저절로 나오듯이
연포의 '물레방아' 역시
이제 저절로 나온다

시화 「검은 밤」 앞에서

생몰 연대 미상이 아니고
생은 1907년이고
몰만 미상이다

밤 하면
최인호의 '깊고 푸른 밤'이 얼굴 내미는데
더불어
황현산의 '밤은 선생이다'가 얼굴 내미는데
허보는 '검은 밤'이다

- 검은 밤이 돌아와
염려 없이 넘던 산을 거닐던 뜰을
다시 한 번 조심스럽게 더듬어 걸어갑니다

한 생각에 눌리었던 마음에
진정할 수 없는 무엇이 떠올라
정확한 표현의 길을 찾으러
다시 한 번 조심스럽게 더듬어 걸어갑니다

물론 기회를 잃어 약자 된 모든 이에게
밤이여! 아편 같은 잠을 주어서는 아니 됩니다

산모의 괴로움을 맛보지 않고는
새로운 생각이 탄생할 새벽은
영구히 오지 않을 것입니다

낮에 찾은 지리를 검은 밤이여
지워버리소서 우리를 반성케 하소서
우리를 미치게 하는 것은 회의가 아니라
돌과 같은 움직일 수 없는 사실입니다
우리에게 인생에 대한 새로운 해석을 주소서

최인호는
나로 하여금 '깊고 푸른 밤'이라는 시를 안겨주고
황현산은
'밤이 선생이면 낮은 무엇인가'라는
질문을 나에게 던지게 했는데
허보는……

허보는
나로 하여금
'시화「검은 밤」앞에서'라는 시를 안겨 주고 있다,
지금

6부

시문학파기념관에서 자작나무를 만나다

시문학파기념관에서 자작나무를 만났다

자작나무는 나를 보고 놀라고
나 또한 자작나무를 보고 놀랐다

나에게
「자작나무와 달마시안」이라는
시를 안겨준
자작나무를 시문학파기념관에 만나다니

자작나무는
무슨 인연으로
시문학파기념관과 함께하게 되었나

자작나무 하면
나의 시 「자작나무와 달마시안」 이외에도
로버트 프로스트의 「Birches」가 얼굴 내민다

「Birches」의 시구 중에
나를 감동 먹인 시구를
미국 야후의 도움을 받아 스마트폰으로 찾아낸다

- You may see their trunks arching in the woods
Years afterwards, trailing their leaves on the ground
Like girls on hands and knees that throw their hair
Before them over their heads to dry in the sun.

내가
「자작나무와 달마시안」에서
자작나무의 전생을 달마시안으로 노래했는지
달마시안의 전생을 자작나무로 노래했는지
가물가물하나
로버트 프로스트는
'그리하여 세월이 지나면
머리 감은 아가씨가 햇빛에 머리를 말리려고
무릎 꿇고 엎드려 머리를 풀어 던지듯
잎을 땅에 끌며 허리를 굽히고 있는'으로
노래하고 있다

자작나무,
자작나무는
시문학파기념관에서

무슨 임무를 수행하고 있을까

시문학파기념관에서 자작나무를 만났다,
뜬금없는

시문학파기념관이 명곡을 메들리로 들려준다

시문학파기념관이 명곡을 메들리로 들려준다

영랑생가를 찾은
먼 걸음을 한 길들에게

토셀리의 세레나데도
퍼햅스도
오 솔레미오도

시문학파기념관이 메들리로 들려주는 곡은
시문학파기념관의 애창곡이다

시문학파기념관은 명곡을 메들리로 들려줄 뿐만 아니라
따라 부르는데
누구에게도 들리지 않는 건
눈빛으로 따라 부르기 때문이다

시문학파기념관만 명곡을 따라 부르는 게 아니고
영랑생가도 눈빛으로 따라 부른다

시문학파기념관은 클래식 음악 애호가이다

시문학파기념관이 수주의 『朝鮮의 마음』을 나에게 보여주다

시문학파기념관이 수주의 『朝鮮의 마음』을 나에게 보여준다

시문학파기념관이
유리상자에 보관하여
나에게 보여주는
수주의 『朝鮮의 마음』은 그림의 떡이다

『조선의 마음』에
버러지도 싫다 하올,
생시에 못뵈올 님을
벗들이여, 봄비 등
모두 29편의 시와
산문 8편이 똬리 틀고 있다는데
하루 빨리 만나고 싶다

- 조선의 마음을 어디 가서 찾을까.
굴속을 엿 볼까. 바다 밑을 뒤져 볼까.
빽빽한 버들가지 틈을 헤쳐 볼까.
아득한 하늘가나 바라다볼까.
아, 조선의 마음을 어디 가서 찾아볼까.

조선의 마음은 지향할 수 없는 마음, 설운 마음!

『조선의 마음』은
사상이 불온하다 하여
세상에 얼굴 내밀자
바로 총독부에 의해 탄압을 받았다지

시문학파기념관이
그림의 떡인
수주의 『朝鮮의 마음』을 나에게 보여준다

시문학파기념관이 입맛을 다시다

시문학파기념관이 입맛을 다신다

시문학파기념관이 입맛을 다시는 이유를
나는 안다

영랑생가 사랑채 뒤 감나무에
감이 주렁주렁 열렸는데
산까치가 분주하게 드나든다

산까치들이
조용히 드나들고 싶어도
조용히 드나들지 못하는 건
천성이다

솔개에 쫓기는
산까치는
나의 부러움의 대상이 아니지만
감나무를 마음껏 드나드는 산까치는
나의 부러움의 대상이다

나만 부러워하는 게 아니라

입맛을 다시는
시문학파기념관도 부러워할 것이다

시문학파기념관만 입맛을 다시는 게 아니라
나도 입맛을 다신다

시문학파기념관이 영랑생가의 은행나무에 뽕 가다

시문학파기념관이 영랑생가의 은행나무에 뽕갔다

영랑생가의 대낮이
다른 데보다
더 환한 건
두 그루의 은행나무 때문이다

해와 달, 별빛을 챙긴
영랑생가의
은행나무에 뽕가지 않고 배길 수 있는
먼 걸음을 한 길들은 없다

은행나무 아래서
몸 둘 바 몰라 하는
먼 걸음을 한 길들을 바라보는
시문학파기념관 역시 몸 둘 바 몰라 한다

뽕 가면
몸 둘 바 몰라하기 마련이다

몸 둘 바 몰라 하는

먼 걸음을 한 길들과
시문학파기념관을 지켜보는
나 역시 영랑생가 은행나무에 뽕갔다

나는 영랑생가에 뽕간지 알고 뽕갔는데
먼 걸음을 한 길들과
시문학파기념관은 어떤지 모르겠다

시문학파기념관이 나를 바라보는 시선이 곱지 않다

봄날
내가 동백꽃 똥구멍을 쪽쪽 빠는 걸 거르는 일이 없기에
내가 동백꽃똥구멍쪽쪽빠는새라는 걸
영랑생가가 이미 알고 있다

영랑생가가 나에게
'채신머리 없다느니'
'품위 없다느니'라는 말을 나에게
뱉지 않는 것은
내가 무턱대고
동백꽃 똥구멍을 쪽쪽 빠는 게 아니고
동백꽃 똥구멍을 쪽쪽 빨면서
영랑의 시를 낭송하기 때문이다

동백꽃 똥구멍 쪽쪽 빠는 소리에
영랑의 시가 묻어 있기에
영랑생가는 나를 가상히 여기지만
그걸 모르는 이들은
나를 보고
'품위없다'하고
'채신머리 없다'할 것이다

오늘은
동백꽃 똥구멍을 쪽쪽 빨면서
「동백잎에 빛나는 마음」을 낭송한 뒤
시문학파기념관을 만났더니
시문학파기념관이 나를 바라보는 시선이 곱지 않다

입가에 노란 꽃가루가 묻어 있어
동백꽃 똥구멍을 쪽쪽 빤 게
시문학파기념관에게 들통나
내가 품위없다고
내가 채신머리 없다고 생각해서가 아니다

앞으론 영랑의 시만
동백꽃 똥구멍을 쪽쪽 빨면서
낭송할 게 아니라
시문학파 구인의 시를 메들리로 낭송하여야 할 것이다

시문학파기념관은 귀가 밝다

경향각지
먼 걸음을 한 길들 중에
내가 영랑생가의 귀여움을 독차지한 건
내가 시낭송의 대가여서다

그냥 시낭송의 대가가 아니라
동백꽃 똥구멍을 쪽쪽 빨면서
영랑의 시를 낭송하기 때문이다

내가
봄날 동백꽃 똥구멍을 쪽쪽 빨 때는
동백나무의 비위를 거스리지 않기 위하여
'동백 잎에 빛나는 마음'을 주로 낭송하지만
동백꽃 똥구멍을 쪽쪽 빨 수 없을 때에도
동백꽃 없이도 그러니까 그냥 쪽쪽만으로
영랑의 시를 낭송하기에
영랑생가의 사랑을 독차지한 것이다

쪽쪽, 쪽쪽쪽쪽쪽
쪽쪽쪽 쪽 쪽쪽 쪽쪽 쪽쪽쪽쪽
쪽쪽쪽 쪽쪽쪽쪽 쪽쪽쪽쪽쪽

쪽쪽, 쪽쪽쪽쪽쪽

쪽쪽쪽 쪽쪽쪽쪽 쪽쪽쪽쪽
쪽쪽쪽 쪽쪽쪽쪽 쪽쪽쪽쪽
쪽쪽쪽 쪽쪽쪽쪽 쪽쪽 쪽쪽쪽
쪽쪽, 쪽쪽쪽쪽쪽

내가 영랑생가의 귀여움을
내가 영랑생가의 사랑을 독차지한 걸
시문학파기념관이 훤히 알고 있다는 걸 뒤늦게 알았다

시문학파기념관은 귀가 밝다

시문학파기념관이 안절부절못하다

시문학파 구인이 의기투합한
시문학파기념관이 세계모란공원으로 산책 나왔다가
안절부절못한다

세계모란공원 시비詩碑 중 영어로 태어난 시비가
철자가 세 군데나 잘못되어 있다

IN THE TIME OF PEONY BLOSSOMING
    By: Robert Bly

   생략
I tremble as water does near thunder,
   생략

   생략

Behind the leaves of the peony
There is a world still darker, that feeds many.

어쩌다 이런 일이
어쩌다 이런 일이

모르는 게 약이라고
차라리 영어가 까막눈이었으면
그냥 지나갔을 텐데
괜히 영어에 능숙해 가지고
그냥 지나가지 못한 것이다

더더욱
돌에 새겨놓아 고칠 길이 없으니
난감한 것이다

시문학파 구인이 의기투합한
시문학파기념관이 세계모란공원으로 산책 나왔다가
마음이 상해 돌아간다

《시문학》 창간호 표지와 '시문학파 동인 창립 기념사진'이 발길을 붙들다

《시문학》 창간호 표지와 '시문학파 동인 창립 기념사진'이
경향각지 먼 걸음을 한 길들의
발길을 붙든다

경향각지 먼 걸음을 한 길들의 표정이
진지하다

'시문학파 동인 창립 기념사진' 속
김영랑, 정인보, 변영로,
이하윤, 박용철, 정지용의 눈빛이 혁혁하다

발길이 붙들린
경향각지 먼 걸음을 한 길들 중의 하나인
내가
김영랑, 정인보, 변영로, 이하윤, 박용철, 정지용과
눈빛을 주고받는다

김영랑, 정인보, 변영로, 이하윤, 박용철, 정지용 누구도
시문학이 3호로 끝나리라고
생각지 못했을 것이다

내가
《물과별》을 아내 앞으로 창간한 걸
시문학파 창립 동인이 알 리가 없다

나의 발길을 붙든
《시문학》 창간호 표지와 '시문학파 동인 창립 기념사진'을
가까스로 물리친다

물과 별

2022
창간호

창간사

명시 감상 김영랑

초대 시인 김문배 양성우 임원식 주전이
　　　　　주정연 최재환 허형만

숨은 꽃　김길전

기획 특집 고규석 김재석 이상인 오천수

참여 시인 강경아 강정구 김경윤 김명희 김선태
　　　　　김영천 김재완 김정원 김형효 문재식
　　　　　박관서 박동길 박미경 성미영 안준철
　　　　　안준하 오미옥 오형록 우동식 이순동
　　　　　이정운 장민규 조기호

물과별 신인 배인숙

사의재

물과별

2022
하반기

발간사 **김재석**

명시 감상 **김현구**

초대 시인 **고규석 고성만 남길순 양원 이우디**

숨은 꽃 **주정연**

기획 특집 **문재식 박동길 배인숙 백수인 신덕룡
이민숙 이은봉 이철송 최기종**
참여 시인 **강정구 강해자 공공로 권수진 김길전
김엄조 김영석 김지란 김한성 김혜자
김희정 유종 이근보 이성구 이영식
이혜숙 정은주 조윤제 최성문**

물과별 신인 **김상범(시), 김재완(시), 최은하(시),
  김우숙(수필)**

유고 시인 **정설헌**

사의재

물과별

2022
겨울

발간사 김재석

春狄시화店 주정연

초대 시인 고정선 박행신 이상인 차상영

숨은 꽃 주전이

기획 특집 김영천 김재석 김재완 박남인 오형록
        이순동 임원식

참여 시인 김인호 배인숙 오정현 윤종혁 이순애
        이정숙 조현아 최은하 홍관희

수필 김우숙 영화 이야기 정희

물과별 신인 한상춘(시), 임미영(동시)

중국 조선족 대표 시인 10인 리욱 설인 임효원
   김철 리삼월 김성휘 김문휘 김응룡 석화 김일량

유고 시인 이생연 시평 정설헌

사의재

사의재 기획시선 27

시문학파기념관에서 자작나무를 만나다

1판 1쇄 인쇄일 | 2023년 2월 6일
1판 1쇄 발행일 | 2023년 2월 10일

지은이　　김재석
펴낸이　　신정희
펴낸곳　　사의재
출판등록　2015년 11월 9일 제2015-000011호
주소　　　전라남도 목포시 보리마당로 22번길 6
전화　　　010-2108-6562
이메일　　dambak7@hanmail.net
ⓒ 김재석, 2023

ISBN 979-11-6716-063-8 03810

　지은이와 출판사의 동의 없이 이 책의 내용 중 전체 또는 일부를 인용하거나 발췌하는 것을 금합니다.

　이 시집을 쓰는 데 『한국민족문화대백과사전』, 다음백과, 네이버 지식백과 등이 도움을 주었다

　시문학파기념관 홈페이지 자료 및 시문학파기념관 자료의 사용은 시문학파기념관의 허락을 받았음을 밝힌다.

값 10,000원